변산바람꽃

김덕남
경북 경주시 고란 출생. 2010년 공무원문예대전 시조 입상(행정안전부장관상). 2010년 ≪부산시조≫ 신인상 수상. 2011년 국제신문 신춘문예 당선. 시조집 『젖꽃판』 발간. 2015년 제9회 시조시학 젊은시인상 수상. 2016년 부산문화재단 창작지원금 받음. 한국시조시인협회, 부산시조시인협회, 오늘의시조시인회의, 부산문인협회 회원. (전)부산대학교, 한국해양대학교 서기관.

| 한국대표정형시선 041 |

변산바람꽃

초판 1쇄 인쇄일 · 2016년 05월 25일
초판 1쇄 발행일 · 2016년 06월 07일

지은이 | 김덕남
펴낸이 | 노정자
펴낸곳 | 도서출판 고요아침
편 집 | 이유성, 김남규

출판 등록 2002년 8월 1일 제 1-3094호
03678 서울시 서대문구 증가로 29길 12-27 102호
전화 | 302-3194~5
팩스 | 302-3198
E-mail | goyoachim@hanmail.net
홈페이지 | www.goyoachim.com

ISBN 978-89-6039-799-6(04810)

* 책 가격은 뒤표지에 표시되어 있습니다.
* 지은이와 협의에 의해 인지는 생략합니다.
* 잘못된 책은 교환해 드립니다.

* 본 도서는 2016년 한국문화예술위원회, 부산광역시, 부산문화재단 지역문화예술특성화지원사업으로 지원을 받았습니다.

ⓒ 김덕남, 2016

| 한국대표정형시선 041 |

변산바람꽃

김덕남 시집

고요아침

■시인의 말

따뜻한 저녁

초원에
무릎 굽히는
안식의 시간이다

하루를
되새김하는
성찰의 시간이다

어미 소
숨소리 들으며
시를 읽는 노을녘

                          2016년 초여름
                              김덕남

■차례

시인의 말　　　　　　　　　　05

제1부 라면 먹는 남자

냉이　　　　　　　　　　　13
라면 먹는 남자　　　　　　14
양파 생각　　　　　　　　15
모래 이야기　　　　　　　16
오징어와 소주　　　　　　17
요양원 일기　　　　　　　18
명주달팽이　　　　　　　　19
사발동백　　　　　　　　　20
공　　　　　　　　　　　　21
알과 여자　　　　　　　　22
블랙박스　　　　　　　　　23
겨울비　　　　　　　　　　24
자장매　　　　　　　　　　25
허물 벗다　　　　　　　　26
하루　　　　　　　　　　　27
울돌목에 서다　　　　　　28

제2부 모지랑숟가락

모지랑숟가락	31
변산바람꽃	32
눈물샘	33
주령구酒令具	34
꾀꼬리	35
주산지 왕버들	36
우물 속 사랑은 깊다	37
매파가 다녀간 날	38
옥비沃非는 딸입니다	39
기성품 죽음이 싫다	40
손에 땀을 쥐다	41
노루귀꽃	42
빨래판	43
복숭아 탐하다	44
허풍선이	45
발자국	46

제3부 초분에 드는 길

초분에 드는 길	49
꽃뱀	50
폐업하는 날	51
정림사지 오층석탑	52
에라잇! 손들아	53
불꽃놀이	54
수의 한 벌	55
감각을 찍다	56
꼬리곰탕	57
바람개비	58
2차에 관한 보고서	59
건천장날	60
사과의 시간	61
붉은 벽돌	62
흙의 길	63
혹, 무늬	64

제4부 휴전선 바람편지

사랑니	67
아카시아꽃	68
휴전선 바람편지	69
일부일처	70
발가락에게	71
리무버	72
하피첩霞帔帖	73
비단벌레, 천년을 날다	74
팥죽을 끓이다가	75
무쇠솥	76
질주	77
대추나무 주걱	78
더덕 향기	79
신 유곽쟁웅遊廓爭雄	80
온천탕 정경	81
각설이覺說理	82

제5부 귀뚜라미

귀뚜라미	85
그대에게 올리는 잔	86
커닝하는 사회	87
DMZ에 서다	88
로빈후드를 쏘다	89
송현아씨	90
깨다	91
혼저 옵서예	92
폼페이, 눈을 뜨다	93
페인팅	94
거울	95
천국행 버스	96
두더지의 날개	97
하이힐 신은 여자	98
용서하게	99

■ 해설_섬세한 에코페미니즘과
현실을 투사하는 예리한 서정/ **이지엽**   100

1부

라면 먹는 남자

냉이

혀 같은 새순 나와

톱니가 되기까지

한 생을 엎드린 채

푸른 별을 동경했다

서릿발

밀어올리는

조선의 저 무명치마

라면 먹는 남자

새벽별 보는 사내 인력시장 찾는다
막노동 삼십 년에 이력이 날만한데
늘어난 이자만큼이나 졸아든 어깻죽지

팍팍한 건설 현장 새파란 감독 앞에
헛딛지 않으려고 버팅기는 두 다리로
땡초를 화끈하게 푼
콧물까지 들이켠다

알바를 끝낸 자정 꼬불꼬불 끓인 속을
맵짠 생 후후 불며 희망 몇 올 건지려다
면발에 구르는 눈물 고명으로 얹는다

양파 생각

함부로 벗기지 마라, 최루성 속내란다

동심원 퍼져가듯 그리움에 닿기 위해

한겨울 땅속에서도 달달한 향 지켰으니

화농을 도려낼 날[刃] 하나 내게 없고

성냥불 확 댕겨 타오를 눈빛도 없어

살 속에 살을 감추어 매운 눈물 담았으니

모래 이야기

고니는 굵은 갈필, 물떼새는 세모필로
사초를 쓰고 가는 모래톱 가장자리
예서체 발자국마다 생의 어록 담는다

콩게 달랑게가 지하 성전 짓고 있다
달빛을 걸어놓고 꺾으며 내지르며
판소리, 파도의 완창 유장하게 듣는다

누군가의 꿈을 위해 날마다 솟는 빌딩
그 속에 뼈를 묻어 십자가 지고 섰다
불길도 꾹 참아내는
된바람도 막아서는

오징어와 소주

유혹이 불을 켜면 바닷물도 흔들렸어
바깥이 궁금할 땐 줄낚시 타는 거야
술잔 속 생을 찢는다
칼칼한 저녁 한 때

까짓것, 살다보면 씹히고 씹는 거야
시든 청춘 메들리에 추임새를 넣다보면
저 쪽배 하늘을 건너다
그림자를 등에 업고

요양원 일기

거울 속 분칠하는 한 여자가 그를 본다
웃자란 눈썹 자르다 송두리째 파낸 기억
흐릿한 눈동자에 갇힌
새 한 마리 파닥인다

외계인이 찾아왔나, 어느 별을 헤맸더냐
눈시울에 얹혀있는 낯선 자식 바라보다
기억 속 창밖을 향해 더듬더듬 읊는다

꽃신을 신던 발이 자꾸만 재촉한다
뒷산의 뻐꾹새가 저리 울지 오래라고
철침대 난간을 잡고
허물 벗는 꿈을 꾼다

명주달팽이

젖은 땅 혀로 핥으며 어둠을 더듬는다

세상을 떠돈다는 건 뿔 하나 세우는 일

나선형 등짐을 지고

천리 먼 길 나선다

사발동백
― 소록도 수탄장愁嘆場*에서

오 미터 사이 두고 하염없이 타는 핏줄
사발동백 뚝뚝 진다 너울이 섬을 친다
아가야 모가지 꺾지 마라
이건 죄가 아니야

갈매기 울어울어 종소리 밀어낸다
콧등이 내려앉아 너의 냄새 맡을 수 없네
손가락 다 떨어지기 전
널 한번 안았으면

* 소록도 수탄장(愁嘆場) : 한센병 부모와 미감 아동이 5m 거리에서 일렬로 마주 서서 한 달에 한 번 면회를 하며 탄식하던 장소.

공

지하철 계단에서 동그랗게 몸을 말고

동전을 기다리는 두 손이 얼어 있다

치솟는 빌딩에 가려 빛을 본 지 오래인 듯

하이힐 찍는 소리 서둘러 멀어진다

단속반 툭 건드리자 통째로 구르는

오늘을 그리는 촉수 화석으로 멎는다

알과 여자
― 오릉에서

뉘 고르듯 잡풀 뽑는 왕릉 위의 저 여자
켜켜이 쌓인 시간 호미질로 불러낸다
한 생이 소금꽃 피어 속살이 내비치는

솔 향 담뿍 풀어 어질머리 앓는 한낮
베이고 뜯겨져도 깨무는 파란 하늘
비바람 끌어안는다면 다시 천년 못 가랴

굽 높은 접시 가득 제단에 올리는 땀
스란치마 한 자락을 찰찰 끄는 그날 바라
덩두렷 봉분에 앉아 알 하나를 품는다

블랙박스

봉인을 뜯는 순간 내장이 쏟아진다

질주의 본능 뒤로 풍경은 사라지고

당신의 검은 음모가 꼬리 물고 재생된다

삿대질 맞고함에 꽁꽁 막힌 여의도 길

출구는 오리무중 비상구도 막혔는데

의사당 철문을 걸고 종이꽃만 피운다

겨울비

부르르 몸을 떠는 노숙의 젖은 어깨
온천천 벤치에서 밀린 기도 하고 있다
한사코 매달리는 천식 뿌리치지 못하고

가솔도 아랫목도 묻어둔 가슴 한켠
숭숭 뚫린 구멍마다 파고드는 숨비소리
시치미 딱 떼고 가는 애완견의 옷이 곱다

갈 길 놓친 왜가리의 구불텅한 목덜미
지루한 목숨 하나 버짐처럼 붙어있다
외발로 버티는 하루 빌딩숲이 기운다

자장매

색 바랜 단청 아래

묵언이 고여 있다

가만히 귀 기울이면

물방울 터지는 소리

선홍빛

해산을 한다

골짜기가 눈을 뜬다

허물 벗다

담장 밑 길게 누운 투명한 빈집 한 채
머리에서 꼬리까지 계절을 벗어놓고
내면을 응시하는가
눈빛이 서늘하다

껍질을 벗는다면 오욕도 벗어날까
숨가쁜 오르막도 헛짚는 내리막도
날마다 똬리를 틀며 사족에 매달리던

별자리 사모하여 배밀이로 넘본 세상
분 냄새 짙게 피운 깜깜한 거울 앞에
난태생 부활을 꿈꾼다
어둠을 벗는다

하루

맛보세요, 케밥*이랑 미고랭* 짜요*까지

저들의 땀방울이 스며드는 보도블록

부평동 깡통야시장 포장마차 줄을 선다

생업의 수레바퀴 깃발을 펄럭이며

어눌한 말씨에도 씨눈을 틔워보려

불빛이 야근을 한다, 대낮 같은 밤거리

* 케밥 : 터키의 전통 육류 요리.
* 미고랭 : 인도네시아 전통 면 요리.
* 짜요 : 베트남 튀김만두.

울돌목에 서다

거침없이 달려온다 휘돌아 내리꽂는다
오늘은 죽으리라 너희 베고 죽으리라
울음을 토하는 바다 제 가슴을 치고 있다

시위 떠난 살이 운다, 과녁 찾아 저리 운다
긴 칼 휘두르자 팅겨나는 햇살 아래
터지는 충혈의 불꽃, 수守와 공攻이 부딪는다

모함의 수렁에도 일자진 활짝 펼쳐
물목에 쇠줄 놓아 산더미로 솟구친다
저 깊은 절망을 부순다, 아수라를 삼킨다

솜이불 물을 적셔 뱃전 두른 하얀 풀꽃
속가슴 피멍 들어 북소리도 목이 쉬고
시퍼런 목숨의 무늬 노을 속에 굽이친다

2부

모지랑숟가락

모지랑숟가락

여름엔 감자 등을

겨울엔 호박 속을

쓱쓱 긁다 제 살 깎아

껍데기만 남은 당신

한평생

닳은 손끝엔

반달꽃이 피었다

변산바람꽃

웃음을 가득 담은 솜털이 뽀송한 뺨
차마 손댈 수 없어 무릎 꿇고 맞는다
눈두덩 스치는 감촉
눈을 감을 수밖에

꺾일 듯 연한 숨결 지쳐 잠든 아가야
긴긴밤 바라보는 눈물을 보았느냐
한 삼년 널 품을 수 있다면
귀먹어도 좋으련만

바람도 때로는 가슴을 벤다는데
매섭고 차가운 세상 헤집고 올라오다
변산의 어느 골짜기 잔설을 녹이려나

눈물샘

자꾸만 헛보는 동공 눈물관이 역류한다

발꿈치 들고 서서 사방을 둘러봐도

막다른 바람벽인가 그렁그렁 앞을 막네

뜨겁게 녹이면서 뼛속까지 내려가면

어둠을 씻어내는 밝은 별 내게 올까

침침한 수정체 너머 마음으로 읽으라는

주령구 酒令具

천년을 가로질러 주사위가 굴러온다
파도타기 내림술에 춤추는 은빛 물결
둥근달 자맥질한다,
취기 자못 난만하다

던지는 물음표에 느낌표가 굴러간다
거푸 마신 석 잔이야 복불복이 아니더냐
러브샷, 팔을 건다는 건
외로움의 방편이지

도원이 가까웠나 가화가 지천이다
불나방 날아들듯 술잔에 빠진 혀들
엇박의 발자국소리
그림자가 꼬인다

* 주령구(酒令具) : 경주 월지(안압지)에서 출토된 14면체의 주사위로, 주령구를 던져 나오는 면의 글자대로 따라하는 음주풍류를 위한 신라인의 놀이도구.

꾀꼬리

호륵 호륵
호로리요우

숲속의 초록 방언

분수가 솟구치듯
실로폰을 딛고 간다

온 산이
가슴을 푸는

탱탱한

오월 한낮

주산지 왕버들

몇 백 년 순례의 길 마침내 돌아와
벼루에 먹을 갈아 물 위에 선시를 쓴다
뼛속을 텅 비운 소리,
새들도 잠잠하다

저렇듯 하늘 품어 몸통 내린 물속이다
손발이야 짓물러도 날마다 빗는 머리
한 세월 삭여낸 가슴 구멍마다 화엄이다

눈비도 달게 받고 달빛도 고이 받아
향기는 나비에게 뿌리는 버들치에게
마지막 남은 한 획에 물잠자리 앉힌다

우물 속 사랑은 깊다

우물 속 여자에게 119는 너무 멀다
아래로 뻗던 그 남자 거꾸로 매달렸네
"괜찮아?"
"뭐 땜시 들어왔수"
아흔 줄에 타는 눈빛

노을도 짙어지면 잉걸불로 다시 피네
쉼표도 마침표도 백지에 함께 그린
저 은발 동아줄 탄다, 퐁네프의 연인처럼

* 2013년 11월 4일자 동아일보 기사. 우물에 빠진 할머니(84세)를 할아버지(91세)가 구하려다 미끄러져 우물 중간 돌 틈에 운동화가 끼어 거꾸로 2시간을 매달려 있다 구조됨.

매파가 다녀간 날

엄마의 옷고름에 내 손목 묶어 놓고

이 밤 자고나면 엄마 얼굴 못 볼까봐

"사립문 꼭 지켜야 돼"

끄덕이며 웃는 달

옥비沃非는 딸입니다

용수 씌운 아버지를 포승줄이 끌고 갑니다
자는 봄 깨우려고 대청에 뚝뚝 지는 꽃
그 꽃잎 차마 밟을 수 없어 절며절며 갑니다

광야를 휘달리는 노래가 싹을 틔워
얼음장 감옥에도 청포도는 자랍니다
벼랑 끝 매운 계절이 무지개를 올리며

비옥하게 살지 말라 떨구어진 이름 하나
풀 먹인 무명옷에 날마다 살갗 베던
원촌리 하얀 옥비가 육우당에 섭니다

* 이옥비(李沃非)는 열일곱 번 옥살이를 한 육사의 무남독녀로 세 살 때 끌려가는 아버지를 지켜보았으며, 육사는 이듬해 1944년 1월 베이징 감옥에서 일제의 고문으로 순국함.

기성품 죽음이 싫다

노인이 먼 길 떠났다, 요양병원 침대에서
삼년간 튜브로 이은 목숨줄 아예 놓고
유품 속 빛바랜 봉서
덩그러니 남았다

정신줄 놓았다고 온 몸에 줄 달지마라
가는 길 훤히 보며 문지방 넘을란다
영정 속 깡마른 얼굴
조문객을 맞는다

손에 땀을 쥐다
— 단원의 씨름도

갓머리 벙거지에 상투에다 땋은 머리
폈던 다리 오그리며 응원소리 드높다
아자자!
들배지기에 받아치기 역습이다

싸움이 격렬해도 뒤돌아 엿을 치며
하루치 점을 보는 안다리를 걸고 있다
부채로 슬쩍 가린 속내 벌겋게 타는데

터질 듯한 시간 너머 생의 반전 일어나는가
쏠리는 응원석으로 철퍼덕 내다꽂는 힘
꽹과리 절로 솟으며
당산나무도 덩더쿵!

노루귀꽃

너를 보면 젖이 돈다
찌르르 길을 낸다

서둘러 방울지는 옷섶을 풀어내면

솜털로
쫑긋 서는 귀

새끼노루 꽃잎 번다

빨래판

브라와 청바지가 뒤엉켜 돌아간다
젖은 숫자 눌러놓고 하프를 켜는 여자
금간 손 엇박을 치며 빨래판을 긁는다

절은 때 씻는 하루 비벼대는 요철 속을
부르튼 물집들이 시나브로 터지는 밤
오그린 발칫잠에도 꿈속 길을 달린다

갸르릉 밭은 소리 리듬을 타다보면
헐거운 솔기 사이 얼핏 뵈는 푸른 하늘
옥탑방 바지랑대 세워
맑은 햇살 당긴다

복숭아 탐하다

제 멋대로 자라나도 때 되면 연지 찍는다
엉덩이와 엉덩이가 춘화를 그리는데
노린재 더듬어간다
발칙한 더듬이

도화살 뻗쳤는가 단내 폴폴 풍겨댄다
풋고추 약오르는 칠월 땡볕 열기 속
풍뎅이 헉헉거린다
속살을 파고든다

허풍선이

광복동 대로변서 허리 접는 저 아재
뼈도 밸도 다 버리고 허파에 바람 실어
어정쩡 장승은 싫어 온 몸으로 유혹한다

팔푼이라 조롱하던 눈총을 뒤로 하고
꾀죄죄 절은 청춘 은하에 풍덩 던져
별똥별 건지려는가 웅덩이도 마다않네

꼬부랑 노래 맞춰 피에로는 춤을 춘다
풀무질 날로 해도 허느적 우는 달밤
아지매 생각하는가 허재비 우리 아재

발자국

별들이 쏟아지는 천전리*의 밤이 깊다
모가지 길게 뽑아 하늘과 교신한다
휘파람 드높던 초원
알을 깨는 저 공룡

이 땅을 돌아서는 너울 치는 울음소리
걸음걸음 화인 찍어 눈물 담은 돌확마다
목 축인 노랑턱멧새 발바닥을 포갠다

끝 모를 몸집 불려 꽃이란 꽃 모두 지고
하늘 땅 뒤집히는 억년이 흘러간 후
다시 올 문명 있다면 오늘 인적人跡 읽을까

* 경남 울주군 천전리에 약 1억 년 전 공룡발자국 200여개가 있음.

3부

초분에 드는 길

초분에 드는 길

청보리 마늘밭 지나 유채꽃 환한 세상

돌담길 북장단에 슬렁슬렁 떠납니다

흰 물결 만장이 되어 너울너울 앞섭니다

물 막은 구들장논 손끝이 다 닳도록

허리 한번 펴지 못한 다랭이 돌아돌아

아리랑 가락에 맞춰 육탈의 길 갑니다

빙 두른 이엉 위에 용마름 가볍게 얹어

이생의 업이야 손 흔들면 그만인 것

잔별이 내리는 그곳 하얀 뼈로 갑니다

꽃뱀
― 나의 시조

꽃으로

치장하고

나를 향해 오는 이여

페로몬

향에 감겨

세상이 흔들린다

난 이미

두 눈 멀었네

돌아설 길 아예 없네

폐업하는 날

덤으로 주고받던 넉넉한 골목 웃음
공룡마트 올라간 날 굽은 등 숭숭 뚫려
출구도 비상구도 없는 구멍가게 사장님

금이 간 골목길에 황사바람 일고 간다
시린 뼈 훑어내려 관절을 툭툭 치며
'폐기물' 스티커 붙여
길바닥에 나뒹군다

맨살의 시멘트 벽 더듬는 촉수 본다
말없이 달라붙은 담쟁이의 저 안간힘
수많은 잎사귀를 끄는
숨소리가 푸르다

정림사지 오층석탑

천오백 년 저 멀리서 한 점 바람 불어온다
옥개석 모서리엔 잃어버린 풍경소리
속가슴 꽁꽁 싸맨 채 그림자로 서 있다

불바다 휩싸일 땐 석탑도 숨이 멎고
붉은 꽃 떨어지는 벼랑 끝 울음터에
백마강 구드레나루 달빛이 젖어있다

새겨 넣은 적장의 글* 비수로 박혀 있어
머리를 짓찧으며 흩날리는 진눈깨비
백지에 그날을 쓴다
핏물 찍어 다시 쓴다

* 당나라 소정방이 백제를 멸한 기념의 글귀를 부여 정림사 오층석탑
(국보 제9호)에 새김.

에라잇! 손들아

명절날 쫄쫄 굶은 귀신들의 성토대회

차례상 받으려고 새벽같이 길 나섰지 그놈들은 더 빨랐어 해외여행 가버렸어 노기등등 김 귀신이 거품 물고 내닫는데. 하늘호텔 찾아 갔던 이 귀신이 땅을 친다 겨우겨우 찾아가서 차린 음식 입에 넣고 와작와작 씹었더니 아래윗니 와장창, 플라스틱 음식인 줄 내 어찌 알았겠누. 점잖은 박 귀신은 택배음식 잔뜩 먹고 내리 사흘 설사하다 배를 깔고 누 있는데. 인터넷상床 받는다고 동네방네 자랑하던 정 귀신이 붉으락푸르락 침 튀기며 내닫는다, 똑똑한 그 아비라 어깨 으쓱 치켜들며 휘황한 불빛 아래 PC방 두드렸지 노크는 필요 없고 로그인 하라하네, 고아무개 이름 석 자 더듬더듬 치는 순간 귀신은 자격 없다 뒷발질로 걷어차네. 분통 터진 귀신들 종주먹 휘두르며

에라잇! 홍할 손들아, 자손만대 홍해라!

* 떠도는 유머를 패러디함.

불꽃놀이

우거진 야자수가
적도를 당겨온다

신내림이 저러할까
활강하는 혼불 다발

벼리는
부싯돌의 꿈

가야할 길 터진다

수의 한 벌

하얼빈 총소리가 어미에게 당도했네
약지를 자른 결의 하늘을 여는구나
목숨을 구걸치마라 수의 한 벌 보낸다

북천의 외로운 길 이 한 벌로 삭히랴만
배내옷 꺼내놓고 한땀한땀 달을 깁는다
바늘이 헛짚는구나, 창살 밝아 오는데

이역의 바람으로 천년을 떠돌아도
뤼순의 풀더미 속 흙으로 돌아가도
북두의 일곱 별이다, 어미의 높은 별이다

감각을 찍다
— 시각장애인 사진전시회

얼굴은 잘렸어도 웃음은 남아 있다

넘어질 듯 비스듬한 빌딩의 저 안간힘

비켜난 무게의 중심 위태로운 생의 찰나

날아가는 파랑새에 초점을 맞추다가

기억으로 서터 눌러 담아보는 세상 빛깔

디카 속 화면 가득히 살고 있는 피카소

꼬리곰탕

꼬리곰탕 한 그릇을 바닥까지 비우다가
할배는 와 안 드시능교? 배고프다 해놓고는
와 이레 속이 답답하노 먹은 기 없힜는강

소나 사람이나 한 가지 아닌가베
잔등을 긁어주면 꼬리로 날 휘감았제
지금도 동동 뜨고 있는 국물 위의 그 목소리

쟁기질 할라카머 쇠꼬리 보질 말어
밭둑의 바우에다 두 눈을 탁 박아야제
팽팽히 당긴 고삐에 이랴! 소리 들린다

바람개비

바람을 마주하는
그것은 숙명이다

모두 앉아있어도
일어나 가야하는

연어의
시간을 보라

모천 찾아

떠나는

2차에 관한 보고서

햇병아리 공무원이 보존문서 정리하다
거슬러 넘겨보는 육십 년대 문서다발
'닭 잡아 접대하오리까?'
붉은 도장 꽉 찍힌

미스 킴의 타자소리 잊혀져간 팔십 년대
안주삼아 씹어대는 포장마차 뒤로 하고
현란한 디스코리듬
속도 밸도 다 쏟는다

도스는 징검다리 윈도우로 보는 세상
단 한 번 클릭으로 이천 년을 훌쩍 넘어
노래방 사이키 조명
여윈 손을 훑는다

건천장날

보소 보소 그기 뭐라꼬! 하나 더 얹어주꾸마
건천장 난전에서 호객하는 고란댁
반시도 엉덩짝 들썩
단물을 뿜어댄다

첨부터 줄끼지 와그라요 할매도 참,
뭐라카노 밀고 땡기는 이 맛에 사는 기라
장바닥 질펀한 웃음
꼬인 매듭 다 푼다

사과의 시간

1.

열흘 안에 지고 말 에덴의 꽃밭에서
원죄를 도려내는 꽃따기 한창이다
땅 위에 흩어진 별들, 잔혹사의 시작이다

2.

아들의 머리 위에 얹혀진 사과 한 알
화살이 날아간다 영웅의 과녁으로
온 천지 꽃피우기 위해 불길 당긴 저 사내

3.

국경 없는 마우스로 클릭하는 애플나라
벌 나비 화면 향해 날갯짓하는 사이
사과꽃 향기 날리며 살랑살랑 봄은 온다

붉은 벽돌
— 서대문형무소에서

먹물로 둘러친 벽 우물보다 깊은 시름

새벽을 고대하며 어둠을 퍼 올린다

겹쌓인 붉은 벽돌 위 달빛만 핼쑥하고

분노보다 짙은 굴욕 왈칵왈칵 토하는 밤

바람도 날개 잃어 추락하는 가지 끝

심박동 뛰는 소리다, 미루나무 숨쉰다

흙의 길

메로 치고 토닥이며 짓이기는 맨발이다
숨구멍 내기까지 무수히 밟아온 길
물레질 둥두렷하게 바람소리 담는다

불인들 뜨거우랴 뼈대 하나 세우는 일
손 없는 날을 받아 서늘한 숨결 돌면
천일염 제 살을 녹여 옹기 가득 단맛이다

금줄 친 한 시절은 가르마도 단정하다
씻고 닦는 젖은 손이 갈라지고 터지는 날
어머니, 파편을 안고 흙의 길을 가고 있다

혹, 무늬

막으로 둘러싸인 미로 같은 생의 길목
가득 찬 눈물단지 몰캉하게 굳을 즈음

무영등無影燈
샅샅이 비춰

풀어내는 암호문

나무 끝 움을 트는 연초록 기도소리
긴 터널 뒤로하고 햇귀가 눈부시다

실밥이
툭툭 터진 날

꽃무늬를 찍는다

4부

휴전선 바람편지

사랑니

숨어서 나를 보던 그 머시매 어디 갔나

새침하게 돌아선 내가 이제 아프다

찔레꽃 가시를 물어 열꽃 피던 열아홉

지하철 노약자석 첫사랑이 코를 곤다

인중을 당기면서 찔레 향 맡고 있나

숨죽여 까치발 딛는다, 봄꽃 와락 질까봐

아카시아꽃

너와 나

정분으로

애끓이며 지샌 밤도

뻐꾹새

울음소리

산마을 흔드는 낮도

온 산이 튀밥 터지듯

향주머니 연 탓이다

휴전선 바람편지

가칠봉 숲의 정령 말문을 닫아 건 날
혼절하는 시간 앞에 피로 쓴 한 줄 문장
검붉은 옹이로 박혀 차마 읽지 못합니다

아린 상처 훑고 가는 높바람 파고들어
적막 한 채 짊어지고 바라보는 지뢰밭에
엉겅퀴 곧은 뼈 세워 녹슨 철모 뚫습니다

육십년 삭혔다가 답을 쓰는 바람편지
아비 없이 자랐다고 행여나 책잡힐까
철책선 넘어온 바람 꽃잎 실어 보냅니다

일부일처

동심원 퍼져간다

온천천이 숨을 쉰다

온종일 자맥질해도 젖지 않는 사랑 본다

소리도 흔적도 없이 외길 눈빛 흐르는

쉼 없는 물갈퀴가

고요를 떠받친다

드높은 향기 끼리 시를 쓰는 오리부부

세상 밖 걸어가는 수다 행간으로 흘리며

발가락에게

접질린 생의 관절 함부로 자라난다
진창에 빠졌는가 한쪽으로 닳은 신발
물집도 자주 터지면 제 울음 듣지 못해

혹으로 머리 내민 네가 왠지 부끄러워
목욕탕 돌바닥에 끌고 온 길 갈아댄다
물불도 가리지 않고 절룩인 줄 모르고

피는 꽃 꺾으려고 별빛만 바라보다
뼈와 뼈 엮는 사설 듣지 못한 청맹과니
녹찻물 따끈히 우려 너의 외롬 씻는다

리무버

황혼도 꽃답다고
피어난 검버섯꽃

레이저로 싹 지우고
마스크로 산길 간다

거뭇한
바윗덩이가

실소하며

쯧쯧쯧!

하피첩霞帔帖

1.

안부 글 차마 못 쓰고 다홍치마 보냅니다
촉루 너머 강진 향해 글썽글썽 젖습니다
한숨 진 개밥바라기 머릿결이 하얗습니다

2.

받은 치마 펼쳐 놓고 아픈 마음 오린다오
캄캄한 적소에는 달빛만 기웃하오
희뿌연 새벽녘에야 한 점 획을 긋는다오

3.

서리꽃 아찔해도 물길 낸다, 아들아
만 갈래 뻗는 생각 하나로 묶는다면
첫울음 들을 수 있으리, 매운 시도 얻으리

* 하피첩 : 노을빛 치마로 만든 서첩. 강진에 유배중인 다산에게 부인이 시집 올 때 입고 온 붉은 치마를 보내옴. 다산은 그 치마로 서첩을 만들어 한양의 아들에게 보냄.

비단벌레, 천년을 날다
— 황남대총 출토 말안장가리개* 앞에서

잎사귀를 갉을망정 품은 뜻은 높았다
천년을 날아와서 사뿐히 내려앉는
금록빛 광채를 보라
숨길 틔운 저 미라

대왕의 옷자락을 흠모한 여인인가
수천의 씨줄들이 날개를 짜고 있다
천마 탄 그대의 숨결 날줄인 듯 껴안고

차곡차곡 껴묻은 돌무지 털고 나와
비단필로 풀어내는 차마 못한 그날 얘기
한 천년 다시 난다면
그리움이 삭여질까

* 1973년 경주 황남대총에서 발굴된 말안장가리개는 금동의 맞새김판 안에 비단벌레 날개를 촘촘히 깔아 붙여 황금관과 날개의 초록빛이 어울려 화려한 빛을 뿜고 있음.

팥죽을 끓이다가

새알심 동동 뜨며 터지는 꽃봉오리

여차하면 튀는 것들 끓는 속 달래야지

눈맞춤, 그게 약이야 뭉근하게 저으며

김 오른 두레상에 그릇그릇 꽃잎 번다

동치미 살얼음에 부딪는 수저소리

웃음문 절로 열리네, 무릎 맞댄 눈맞춤

무쇠솥

아궁이 앞 꿇은 무릎, 죽은 불씨 살려놓고

'하안 많은 이 세-사아앙' 울 엄만 노래하고

부뚜막 올라앉은 넌

소리 내어 대신 울고

질주
— 운보의 군마도

그림을 뛰쳐나온 푸른 말에 뛰어 올라
너와 나 깍지 끼고 삼천리도 십리처럼
옷자락 휘파람 몰아 북방으로 내닫는다

묵점을 흩뿌리면 흙먼지가 길을 낸다
얼음장 녹여내는 콧김을 내뿜으며
저 갈기 대륙을 흔든다
모듬북을 울린다

구멍 난 빨간 양말 아리랑표 흰 고무신*
눈뜨고 잃어버린 물소리 바람소리
속가슴 뜨겁게 찍어 수묵채색 펼친다

* 운보(雲甫)가 생시에 즐겨 신었던 양말과 신발로 청주 〈운보의 집〉에 전시되어 있음.

대추나무 주걱

치마폭에 받아 안은 대추알의 붉은 기도
희붐한 창을 연다, 푸른빛 뻗쳐온다
젖은 손 하루를 열어
무릎 꿇는 어머니

밥심의 더운 목숨 땀방울로 일어서는
모퉁이 돌아오는 식솔의 긴 그림자
갓 지은 꽃밥 한 솥을
고슬고슬 퍼올린다

더덕 향기

밤새워 달려온 꾸러미의 매듭 푼다
단양의 싸한 흙내음 훅, 하고 숨길 터져
차곡한 더덕뿌리가 환하게 눈을 뜬다

산골짝 돌아돌아 덤불숲 헤쳤겠네
긁히고 미끄러져 손톱 밑 까매져도
이 향기 놓치지 않으려 허우적였을 친구야

외딴 곳 들머리쯤 여린 풀 흔들리듯
달빛을 붙들고 선 희끗한 파마머리
거기서 너는 웃는데
나는 여기 목이 멘다

신 유곽쟁웅 遊廓爭雄*

꽃 속의 꿀을 빨던 그 기억 못 잇는가

 강남의 룸살롱은 불도 켜지 않았는데 낮술에 불콰한 고관 제 집인 양 드나든다. 의사당 불빛 아래 삿대질은 감초인가 닦달하고 추궁해도 오리발이 대세라네 하나쯤 혼외 자식 바지춤에 감추고. 시상에 21C 대명천지 아비를 아비라 부르지 못하는 길동이가 다시 왔나 '씨는 못 속인다우' 죄 없는 판박이에 거품 문 입술들이 퍼 나르는 서울의 강

 그믐달 물살에 밀려 물음표로 지고 있다

* 유곽쟁웅(遊廓爭雄) : 혜원 신윤복의 그림(기생집 앞에서 사내들이 다투고 있음).

온천탕 정경

늙은 딸 무릎 위에
어머니 안겨있다

알맹이 다 빼먹어

물위에 동동 뜰까봐

자꾸만
품 안에 당겨

깍지를 끼고 있다

각설이 覺說理

정선장날 한 귀퉁이 눈꽃은 날리는데
얼의 씨 구하려나 얼씨구 저절씨구
여장한 붉은 치마 속 조롱박이 잘도 논다

찌그러진 냄비 보소, 허리춤에서 설법하네
휘모리 꽹과리에 왼 다리를 돌려대면
금이 간 가위소리는 죽지도 않고 또 운다

엿이야 사든말든 제 신명에 자지러진다
물구나무 세상얘기 질펀하게 풀어내다
터얼썩 주저앉는다, 노랫가락 목이 멘다

5부

귀뚜라미

귀뚜라미

울음낭 터뜨리고

나 대신 누가 우는가

가을을 끌어안고

밤새워 누가 우는가

그믐달

새벽이슬 밟으며

한 사람을 보낸다

그대에게 올리는 잔
— 부부총*에서

삭은 뼈 우는 소리 온 산을 적십니다
후생의 밥그릇을 고스란히 빼앗기고
제 가슴 후벼 파는가 바람마저 각혈하는

그대 곁에 진설하는 맵고 짠 상처 한 상床
뾰루지로 솟아올라 깨진 접시 이 맞추듯
복제품 금동관 씌워 허깨비로 웃습니다

굽다리 높은 잔에 눈물 가득 퍼 올리면
낙엽 한 장 동동 떠서 비사 읽는 해종일을
서릿발 붉은 입술로 박차소리 뜨겁습니다

* 1920년 일본이 수탈해간 양산시 북정리 부부총의 유물을 도쿄박물관으로부터 2013년 10월 15일부터 3개월간 빌려 양산박물관에서 67점을 전시하였으나 금동관은 빌리지 못해 복제품을 전시하였음.

커닝하는 사회

책상 위 깨알들이 스멀스멀 기어간다

감독관 들어오며 일어서라 줄 바꾸라 도끼눈 쌍심지가 제대로 돌아간다. 옆 사람 답안지를 두리번 일별하고 짧은 치마 스타킹 속 돌돌 만 페이퍼에 볼펜 속 두루마리 귀신같이 꺼내보는 꽃먹물 거동 보소, 남의 글 베끼기는 누워서 떡 먹기요 표절이라 시비해도 낯색 하나 변치 않는 먹물아비 줄 세울까 벼룩을 줄 세울까 천지사방 튀면서도 원조元祖라 침 튀기니

길거리 원조 간판들 너도나도 먹물 튀었네

DMZ에 서다

을지부대 전망대서 북녘을 바라본다
유월에 갇혔는가 침묵의 능선 아래
균열된 가슴 한복판 먹뻐꾸기 울다간다

삭지 못한 응어리를 저 계곡에 던져두면
구르고 깎이다가 모래 되고 먼지 될까
한 다발 바람을 풀어 녹슨 철책 닦는다

렌즈로 당겨보는 비로봉이 지척이다
어깨 걸고 가기위해 녹음은 저리 부풀고
패랭이 지뢰밭 뚫고 붉게붉게 솟는다

로빈후드를 쏘다*

살대 끝
물고 있는
과녁 뚫은 화살 본다

시공의 빗장 걷고
까마득히 하늘 갈라

뚫는다

지구의 미간

뉴스가 기립한다

* 2014년 콜롬비아 메데린에서 개막한 세계양궁연맹(WA) 2차 월드컵을 앞두고 열린 훈련에서 한국 대표 주현정은 과녁에 꽂힌 화살의 뒤에 다른 화살을 박는 '로빈후드'를 기록했다.

송현아씨

순장 길 떠나가는 비화가야 송현아씨*

언젠가 만나리라 깨무는 붉은 입술

아직도 열여섯 가슴 향기로 젖는다

그대여 잡아주오 날 부르는 아씨의 손

박물관 유리벽에 손바닥 맞대보면

실핏줄 소용돌이치는 내 전생을 만난다

* 경남 창녕 박물관에 재현되어 있는 송현리 고분에서 발굴한 순장 소녀.

깨다

사방으로 튀어가는 꽃병조각 날 세운다

엉겁결 뛰는 발에 핏물은 배어나고

꽃의 집 숨을 멈추자 덮쳐오는 이 고요

흩어진 파편마다 눈 뜨는 불빛 좀 봐

허물 벗는 나비인가 꽃은 바로 활짝 피네

비로소 터지는 숨길, 날숨들숨 시작한다

혼저 옵서예

공주의 옷자락이 휘날리는 조랑말에
탐라 사내 뛰어올라 초원을 내달렸다
성곽은 허물어져도
바람의 말 지키자던

강생이 몽생이도 저들의 말 내리 전해
잘리고 흩어져도 숨길 이은 탯말 조각
박물관 진열장에 들까
숨비소리 떨리는

유배도 항쟁도 아닌 갈옷 속에 살아온 말
천년 왕국 부활하듯 재기재기 옵서예
삼성혈 돌하르방은
쉬영갑서 목이 쉰다

폼페이, 눈을 뜨다

묵언을 끝냈는가
눈을 뜨는 저 석고상
껴안고 웅크리며 더러는 와불처럼
응고된 세상을 열고 커튼콜에 답한다

검투사 칼을 휘둘러 지키려던 사랑 한줌
불기둥 삼키었네
불멸을 움켜쥐었네
누천년 뼈를 세운 몸 피돌기를 시작한다

빛처럼 지나간 생 시간을 걷어내면
겹겹의 문명 벗고 성큼성큼 다가오는
메멘토 메멘토 모리*
신의 말씀 들린다

---

* 메멘토 모리(memento mori) : 라틴어로 '죽음을 기억하라' 즉, '자신이 언젠가 죽는 존재임을 잊지 마라'라는 의미를 가짐.

페인팅

별나라 거미족이
세상을 분칠한다

아스라한 목숨줄이
벽을 타고 흔들릴 때

눈 하나
까딱 않는 빌딩

태양 아래

졸고 있다

거울

좌우가 바뀐 채로
거울 속서 누가 본다

똑바로 보려거든 그대를 뒤집어라

한 번쯤 뒤집고 보면 가는 길이 보이리

영문글자 자리 바꿔
달려오는 앰뷸런스

앞차의 백미러엔 생명길 뚫고 있다

꽉 막힌 내 안을 본다
거울 하나 찾는다

천국행 버스

구르는 바퀴 위에선 흔들려야 제격이죠
통로가 좁을수록 비비기에 적합해요
소주에 오징어다리 엉킬수록 흥겨운 법

커튼은 내려야죠 바깥세상 안 볼래요
몸속의 저 폭풍은 신께서 주신 선물
갈수록 강퍅한 세상 아웃사이더가 편해요

묻지 마 묻지 마라 가는 길 당최 몰라
하늘인지 바다인지 출렁이는 무대에서
'사랑에 나이가 있나요'
볼륨이 높아가요

두더지의 날개

비탈밭 엎드리어 가슴 파던 두더지

이랑을 북돋우며 간신히 붙든 세상

비둘기 고랑에 앉아 땀방울을 쪼고 있다

그렁그렁 눈물 담아 손끝을 찔리기며

제 손으로 만든 수의 단정히 차려 입고

이제는 날개 폈을까

흙만 파던 울 어매

하이힐 신은 여자

빛 찾아 열쇠 찾아 킬힐로 딛는 아침
어깨에 부딪는 햇살 유리벽 타고 올라
하루를 꽃피웁니다
푸른 향기 품습니다

뒤태도 날씬하게 콕콕 찍는 퇴근길
애완견 두 귀 쫑긋 현관문 긁는 소리
힘줄 선 눈을 지웁니다
발자국을 닦습니다

용서하게

산과 들 헤매었나 갈비뼈가 드러났네
올가미 파고들어 피로 물든 모가지
뒷발을 끌어당기며 엎어질 듯 길을 미네

한사코 뼈를 세워 목줄의 주인 찾는가
눈곱 낀 눈동자로 농막을 기웃하다
긴 유랑 돌아서는가 무릎 꺾는 누렁이

오, 저런! 걸렸구나 내가 놓은 올가미에
세상을 맑혀보려 시도 쓰고 비질도 했건만
디딘 곳 허방다리네
벼랑을 부여잡네

■해설

섬세한 에코페미니즘과 현실을 투사하는 예리한 서정

이지엽
시인 · 경기대 교수

　김덕남 시인의 첫 시조집 『젖꽃판』에는 아주 다양한 세계의 이야기들이 파노라마처럼 펼쳐져 있다. 임종찬 시인은 「사랑, 염원, 그리고 자연과의 호흡」이라는 평문을 통하여 "자연에 대한 동경과 자연에 대한 아름다움을 애써 배우려하고 실천하려고 하는 시조로 짜여져 있"음을 지적하면서 서정과 의미, 이 양자를 조화롭게 조정하여 시조를 차원 높게 만들었다고 상찬한 바 있다. 다양하면서도 완성도가 높은 작품들을 보여주고 있어 상당한 숙련의 과정을 거치고 있음을 알 수 있다.

　「독도」, 「아버지, 길을 가다」, 「숭례문, 검은 불꽃을 타고 가다」, 「갈증」, 「아픔은 아픔을 낳는다」, 「백두산에 올라」 등의 작품에서는 조국에 대한 관심과

자각이 두드러지게 나타나고, 「젖꽃판」, 「달의 눈빛」, 「마중물」 등의 작품에서는 가족사에 대한 애틋한 정서가, 「숲, 정리해고되다」, 「점자로 읽는 세상」, 「구제역」, 「황소개구리 유감」 등의 작품에서는 현실에 대한 예리한 비판 의식이, 「삼별초의 바다」, 「영릉을 바라보다」, 「한, 청령포에 갇히다」 등의 작품에서는 역사에 대한 자주적 인식과 비극성이 잘 형상화 되어 있으며, 「대의 기원」, 「얼음새꽃」, 「풍란, 향을 품다」 등의 작품에서 시인의 자유의지와 미래지향의 긍정적 삶의 태도를 읽을 수 있다.

이번 두 번째 시조집 『변산바람꽃』은 이러한 다양한 시인의 세계에 대한 인식이 한층 세밀하면서도 긴장감 있게 형상화되고 있어 주목해볼 만하다.

1. 섬세한 생태 묘사의 에코이즘과 빛나는 서정

호륵 호륵
호로리요우

숲속의 초록 방언

분수가 솟구치듯
실로폰을 딛고 간다

온 산이
　가슴을 푸는

　탱탱한

　오월 한낮
　　　　　　　　　　　　　　　—「꾀꼬리」 전문

깔끔한 작품이다. 초장 첫 구를 새 울음소리로 제압한다. 사실 새 울음소리를 찾아내기란 불가능에 가깝다. 김형경 소설가가 일찍이 『새들은 제 이름을 부르며 운다』라고 했듯 '꾀꼬리'는 고작해야 '꾀꼴 꾀꼴' 정도인데 이를 아주 이채롭게 잡아내었다. 새 한 마리의 울음은 실로 역동적이다. "분수가 솟구치듯/ 실로폰을 딛고" 가면서 숲들이 깨어나고 종국에는 "온 산이/가슴을" 풀고 있다. "탱탱한" 시적 긴장이 느껴진다. 「노루귀꽃」에서 보듯 "찌르르" 젖이 도는 듯하다.

　너를 보면 젖이 돈다
　찌르르 길을 낸다

　서둘러 방울지는 옷섶을 풀어내면

　솜털로
　쫑긋 서는 귀

새끼노루 꽃잎 빤다
　　　　　　　　　　　─「노루귀꽃」 전문

「노루귀꽃」은 우리나라 각처의 산지에서 자라는 다년생 초본으로 나무 밑에서 자라며 끝이 둔하고 솜털이 많이 나있다. 꽃이 피고 나면 잎이 나오기 시작하는데, 그 모습이 마치 노루의 귀를 닮았다고 해서 붙여진 이름이다. "너를 보면 젖이 돈다"는 표현은 노루귀의 설화와도 무관하지 않은 듯하지만, 이 꽃의 소담하면서도 복스런 이미지와도 잘 연결되고 있다. 관능적으로 흐르기 쉬운 부분을 "찌르르 길을 낸다"라는 세밀하고 정감 있는 표현으로 받쳐주면서 시적 긴장감을 고조시키고 있다. "방울시는 옷잎을 풀어내"는 표현은 "젖이 돈다"라는 초장의 표현을 이어받고 있는데 방울지며 피어나려고 하는 노루귀꽃의 모습을 형상한 것이라 볼 수 있다. "솜털로/쫑긋 서는 귀"는 노루귀에 잎이 올라오는 모습을 아주 실감있게 잡아낸 표현이다.

　　제 멋대로 자라나도 때 되면 연지 찍는다
　　엉덩이와 엉덩이가 춘화를 그리는데
　　노린재 더듬어간다
　　발칙한 더듬이

도화살 뻗쳤는가 단내 폴폴 풍겨댄다
   풋고추 약오르는 칠월 땡볕 열기 속
   풍뎅이 헉헉거린다
   속살을 파고든다
   ―「복숭아 탐하다」 전문

「노루귀꽃」에 보이는 관능적인 표현은 「복숭아 탐하다」에서는 복숭아라는 과일의 특성을 잘 묘파해내어 이를 섬세하게 형상화시키기도 한다. 노린재의 "발칙한 더듬이"도 더듬이지만 "도화살 뻗쳤는가 단내 폴폴 풍겨댄다/ 풋고추 약오르는 칠월 땡볕 열기 속/ 풍뎅이 헉헉거린다/ 속살을 파고든다"라는 풍뎅이의 투신은 욕망이 꿈틀거리는 생생한 생의 의욕을 실감나게 보여주기도 한다.

   웃음을 가득 담은 솜털이 뽀송한 뺨
   차마 손댈 수 없어 무릎 꿇고 맞는다
   눈두덩 스치는 감촉
   눈을 감을 수밖에

   꺾일 듯 연한 숨결 지쳐 잠든 아가야
   긴긴밤 바라보는 눈물을 보았느냐
   한 삼년 널 품을 수 있다면
   귀먹어도 좋으련만

바람도 때로는 가슴을 벤다는데
매섭고 차가운 세상 헤집고 올라오다
변산의 어느 골짜기 잔설을 녹이려나
—「변산바람꽃」 전문

변산바람꽃은 노루귀, 복수초와 더불어 봄의 전령사다. 특히 눈밭에서도 피어나는 꽃들이기에 더욱 던져주는 의미가 크다. 그러나 이 세 가지 꽃을 통해 봄을 본다는 것은 한국일보 최홍수 기자의 고백처럼 사실 그 봄이라는 게 과장을 좀 보태면 손톱보다 작은 것이어서 땅바닥에 시선을 고정해도 보일락말락한 작은 꽃들이라 할 수 있다. 그러니 "웃음을 가득 담은 솜털이 뽀송한 뺨/차마 손댈 수 없어 무릎 꿇고 맞"을 수밖에 없으며 "눈두덩 스치는 감촉/눈을 감을 수밖에" 없는 것이리라. 변산바람꽃은 작은 꽃 하나에 다양한 색을 담고 있다. 돌무더기 틈새로 톡톡 튀어나온 모습이 앙증맞고도 기품이 넘친다. 사실 꽃잎처럼 보이는 5장의 하얀 이파리는 꽃받침이고, 퇴화한 꽃잎은 암술과 수술의 가장자리에 노랗게 둘러져 있다. 작은 꽃 하나에 흰색과 노랑, 파랑과 연둣빛 작은 우주를 품었다. (최홍수 기자, 〈노루귀·복수초·변산바람꽃⋯ 여수 돌산의 봄 전령 3총사〉, 2016년 3월 2일자 한국일보)

시인은 이 작은 우주를 간절히 품고 싶어한다. "한 삼년 널 품을 수 있다면/귀먹어도 좋으련만"하는 표현을 통해 그 간절함을 충분히 짐작해볼 수 있기 때문이다.

몇 백 년 순례의 길 마침내 돌아와
벼루에 먹을 갈아 물 위에 선시를 쓴다
뼛속을 텅 비운 소리,
새들도 잠잠하다

저렇듯 하늘 품어 몸통 내린 물속이다
손발이야 짓물러도 날마다 빗는 머리
한 세월 삭여낸 가슴 구멍마다 화엄이다

눈비도 달게 받고 달빛도 고이 받아
향기는 나비에게 뿌리는 버들치에게
마지막 남은 한 획에 물잠자리 앉는다
―「주산지 왕버들」 전문

또 다른 생태 묘사의 진수는 「주산지 왕버들」에서 볼 수 있다. 이 작품에서는 장중한 깊이가 느껴진다. 주산지는 조선 경종 원년 1720년 8월에 공사를 시작, 땅을 파고 주위에 둑을 쌓아 그 이듬해 10월 완공됐다. 이후 약 3백 년 동안 주위 산골에서 내려온 물이 여기에 고였으며, 이렇게 모인 물은 농민의 농업용수로 사용되면서 이후 한 번도 완전히 바닥을 드러내 보인 적이 없다고 하니 "몇 백 년 순례의 길 마침내 돌아"왔다고 볼 수 있다. 그 수백 년 수령의 왕버들과 능수버들이 물 위에 떠 있는 듯 몽환적인 분위기는 "벼루에 먹을 갈아 물 위에 선시를" 쓰고도 남음이 있을 것이다. 시인은 이를 "뼛속을 텅 비운 소리"라 했다.

"뼛속을 텅 비운 소리"라니!

주산지의 왕버들은 고색창연하면서도 물 위에 비친 왕버들 그림자를 보면 마치 물속에 또 하나의 다른 세상이 있는 듯한 신비로운 느낌을 자아낸다. 하늘과 땅이 마치 하나로 연결되어 있고 낮은 구름과 안개는 인간의 마음 속, 아니 뼛속까지를 시리게 한다. 너와 나의 구별도 없어지고 욕망과 자아도 다 내려놓게 된다. 초록의 물빛이 뼛속까지 스며든다. 마음을 사로잡아 오래 머물게 된다. 별바위에서 서쪽으로 열린 계곡을 따라 맑은 물이 끝없이 흘러내려서 그득하게 고인 산중호수는 울창한 수림으로 둘러싸여 고요하기만 하다. 가히 "뼛속을 텅 비운" 정적만이 거기 남아 있는 것이다. "뼛속을 텅 비운 소리"라 할만하다. 그러니 "한 세월 삭여낸 가슴 구멍마다 화엄이"들어 찬다는 것도 어찌 과장된 표현이라 할 수 있겠는가.

그러나 여기서 더 주목이 되는 것은 이러한 주산지 왕버들을 그냥의 풍광으로 보지 않는 시인의 시선이다. "눈비도 달게 받고 달빛도 고이 받아/ 향기는 나비에게 뿌리는 버들치에게"에게 준다는 것이다. "마지막 남은 한 획에 물잠자리 앉힌다"다는 것이다. 말하자면 자신의 몸을 다른 생명체를 위하여 다 나눠준다는 것이다. 어설픈 생태시들이 가지고 있는 계몽성 차원과는 전혀 다른 갈앉히고 묵힌 농도 깊은 에코이즘 시를 보여주고 있다.

요컨대 「꾀꼬리」에서의 "탱탱한" 시적 긴장과 「노루귀꽃」에서의 정감있고 관능적인 표현, 「주산지 왕버들」에서의 깊이 있으면서도 차원이 높은 시적 형상화는 기존의 에코이즘 시가 갖는 단점들을 말끔하게 보완하고 있다. 기존의 에코이즘 시들은 추수주의적인 성과에 급급한 나머지 설익은 서정으로 성급하게 독자들을 주제 측면으로 몰아가려는 난삽함이 없지 않았다.

2. '모지랑숟가락'과 '냉이'와 '빨래판'의 극기적 여성성

여름엔 감자 등을

겨울엔 호박 속을

쓱쓱 긁다 제 살 깎아

껍데기만 남은 당신

한평생

닳은 손끝엔

반달꽃이 피었다
―「모지랑숟가락」 전문

  김덕남 시인의 작품에 많이 드러나는 심상은 오래되고 낡은 것들에 대한 따뜻하고 잔잔한 이미지다. 「모지랑숟가락」에서는 "긁다 제 살 깎아/ 껍데기만 남은 당신"을 얘기한다. '모지랑숟가락'이란 끝이 다 닳아서 무디어진 숟가락을 말한다. "껍데기만 남은 당신"은 누구인가. 시인의 어머니이고, 나아가 이 땅의 어머니고, 여자다. 말하자면 여자의 삶이 안고 있는 비극성을 이렇게 짚어내고 있는 것이다. 시인은 이 비극을 참담하게 그려내지 않고 따뜻하게 그려낸다. 숟가락의 다 닳아서 무디어진 그 끝을 "반달꽃"에 비유하고 있기 때문이다.

보소 보소 그기 뭐라꼬! 하나 더 얹어주꾸마
건천장 난전에서 호객하는 고란댁
반시도 엉덩짝 들썩
단물을 뿜어댄다

첨부터 줄끼지 와그라요 할매도 참,

뭐라카노 밀고 땡기는 이 맛에 사는 기라
장바닥 질펀한 웃음
꼬인 매듭 다 푼다
―「건천장날」 전문

「건천장날」에 등장하는 시적 주인공인 고란댁은 나이가 지긋한 할매다. "보소 보소 그기 뭐라꼬! 하나 더 얹어주꾸마" 호객을 하고서 덤으로 주는 것도 "밀고 땡기는 이 맛에 사는 기라"에서 보듯 정이 많은 여자다. 「모지랑숟가락」의 당신이다. 어머니고, 이 땅 여자다. 시인은 일련의 작품을 통하여 이 땅 여자들의 삶을 그려내고 있는 것이다.

혀 같은 새순 나와

톱니가 되기까지

한 생을 엎드린 채

푸른 별을 동경했다

서릿발

밀어 올리는

조선의 저 무명치마
―「냉이」 전문

「냉이」를 통해서 그려지는 자아의 성장은 "혀 같은 새순"→"톱니"로의 전환이고, "톱니"의 날카로운 이미지는 "서릿발"로 연결되며, "서릿발"은 "조선의 무명치마" 이미지로 연결된다. 시인은 결국 「냉이」를 통해 인고의 과정을 겪으며 홀로 서야하는 한국 여인들의 상을 형상화하고 있는 것이다.

뉘 고르듯 잡풀 뽑는 왕릉 위의 저 여자
켜켜이 쌓인 시간 호미질로 불러낸다
한 생이 소금꽃 피어 속살이 내비치는

솔 향 담뿍 풀어 어질머리 앓는 한낮
베이고 뜯겨져도 깨무는 파란 하늘
비바람 끌어안는다면 다시 천년 못 가랴

굽 높은 접시 가득 제단에 올리는 땀
스란치마 한 자락을 찰찰 끄는 그날 바라
덩두렷 봉분에 앉아 알 하나를 품는다
―「알과 여자―오릉에서」 전문

「알과 여자」에서 여자는 왕릉에 올라 잡풀을 뽑는 일을 하지만 결국에는 대를 잇는 것은 여자들의 일이 아니던가. "베이고 뜯겨져도 깨무는" 시련 속에 "비바람 끌어안는다면 다시 천년"을 이어갈 수도 있으리라. 그래서 여자는 "봉분에 앉아 알 하나를 품"으며 다시 천년을 생각해보는 것이다.

>메로 치고 토닥이며 짓이기는 맨발이다
>숨구멍 내기까지 무수히 밟아온 길
>물레질 둥두렷하게 바람소리 담는다
>
>불인들 뜨거우랴 뼈대 하나 세우는 일
>손 없는 날을 받아 서늘한 숨결 돌면
>천일염 제 살을 녹여 옹기 가득 단맛이다
>
>금줄 친 한 시절은 가르마도 단정하다
>씻고 닦는 젖은 손이 갈라지고 터지는 날
>어머니, 파편을 안고 흙의 길을 가고 있다
>ㅡ「흙의 길」전문

「흙의 길」 역시 어머니로서의 도정道程이 그려지고 있다. 그 길은 "메로 치고 토닥이며 짓이기는 맨발"의 길이며, "숨구멍 내기까지 무수히 밟아온 길"이다. "불인들 뜨거"울 수가 없었을 것이다. "뼈대 하나 세우"고 하나의 '옹기'가 되는 것은, 말하자면 하나의 옹기가 되어 여기에 "천일염 제 살을 녹여"내는 구실을 하게 되지만, 결국에는 "갈라지고 터지"고 "파편을 안고" 죽음을 맞이할 수밖에 없는 흙의 길인 것이다. 흙으로 빚어 옹기가 되고 쓸모를 다하여 소멸되는 흙의 전 과정을 통해 어머니의 삶이며 여자의 삶을 형상화시키고 있는 것이다.

> 브라와 청바지가 뒤엉켜 돌아간다
> 젖은 숫자 눌러놓고 하프를 켜는 여자
> 금간 손 엇박을 치며 빨래판을 긁는다
>
> 절은 때 씻는 하루 비벼대는 요철 속을
> 부르튼 물집들이 시나브로 터지는 밤
> 오그린 발칫잠에도 꿈속 길을 달린다
>
> 갸르릉 받은 소리 리듬을 타다보면
> 헐거운 솔기 사이 얼핏 뵈는 푸른 하늘
> 옥탑방 바지랑대 세워
> 맑은 햇살 당긴다
>
> ―「빨래판」 전문

이 작품에서 '빨래판'은 하나의 상징적 기제로서 의미를 지니고 있다. 그것은 여자들의 간단치 않은, 힘준한, 삶을 축약적으로 보여준다. 더러운 빨래들을 문지르는 빨래판은 여자 고유의 영역이다. 살살 문지르기도 하지만 때를 말끔히 씻어내기 위해서는 힘을 다하여 박박 문질러야 한다. 그러기에 「빨래판」은 요철의 거친 표면을 지니고 있고 그 거친 면을 오가는 손의 수고로운 노동에 의해서만 쓸모가 있게 된다. "하프를 켜"기도 하고 "엇박을 치"면서 "리듬을 타"기도 하지만 "오그린 발칫잠에도 꿈속 길을 달"리는 간단치 않는 연단의 과정도 겪게 되는 것이다.

말하자면 '빨래판'은 빨래판이자 빨래판 너머의 다른 존재로서 상징적 의미를 지니고 있다. 그것은 일차적으로 여자의 삶이라는 것인데 "절은 때 씻는 하루"를 지나 일생으로서의 여자 삶을 의미한다. 그런데 그 삶이 어떠한가. 결코 녹록치 않다. "부르튼 물집들이 시나브로 터지는 밤"처럼 고통과 고난의 밤들로 점철된 삶이다. "오그린 발칫잠에도 꿈속 길을 달"러야 하는 고단한 삶이다. 이 땅 여자들의 삶으로서 '빨래판'인 셈이다.

중요한 것은 시인이 이러한 인식을 통해 그리고자 하는 주제 의식이라고 볼 수 있는데, 시인은 "헐거운 솔기 사이 얼핏 뵈는 푸른 하늘"의 희망을 주목하며 "옥탑방 바지랑대 세워/ 맑은 햇살 당긴다"라고 하면서 마무리하고 있다. 끝 처리 방식이 마치 "맑은 햇살"에 빨랫감을 빨아 너는 장면을 연상시키는 것이어서 그 절묘함은 더 빛난다. 아무리 어려운 공간의 조각난 삶일지라도 건강하게 일궈나가는 삶이 바로 이 땅 여자들의 삶이 아니겠는가. 이런 면에서 볼 때 「빨래판」은 에코페미니즘의 전범을 보여주는 작품이라 보아도 무난할 듯싶다.

3. 인력시장과 허풍쟁이 아재, 도시 소시민의 삶

도시 소시민의 고단한 삶 가운데 시인의 시각은 살아 있다. 인력시장에서 하루 벌어 하루 먹는 고단한 삶이나 지하철에서 구걸하는 사람, "뼈도 뱉도 다 버리고 허파에 바람 실어"사는 아재들의 삶에 주목하고 있는 것이다.

새벽별 보는 사내 인력시장 찾는다
막노동 삼십 년에 이력이 날만한데
늘어난 이자만큼이나 졸아든 어깻죽지

팍팍한 건설 현장 새파란 감독 앞에
헛딛지 않으려고 버팅기는 두 다리로
땡초를 화끈하게 푼
콧물까지 들이켠다

알바를 끝낸 자정 꼬불꼬불 끓인 속을
맵짠 생 후후 불며 희망 몇 올 건지려다
면발에 구르는 눈물 고명으로 얹는다
—「라면 먹는 남자」 전문

고단하게 하루를 살아가는 삶을 그려낸다. 그 삶을 피상적으로 그리는 것이 아니라 "늘어난 이자만큼이나 졸아든 어깻죽지" "헛딛지 않으려고 버팅기는 두

다리" 등의 구체적인 모습으로 형상화한다. 여기에 "땡초를 화끈하게 푼 콧물까지 들이"켜는 인간미와 "맵짠 생 후후 불며 희망 몇 올 건지려다/ 면발에 구르는 눈물 고명으로 얹는" 생의 깊이까지도 읽어낸다.

    지하철 계단에서 동그랗게 몸을 말고

    동전을 기다리는 두 손이 얼어 있다

    치솟는 빌딩에 가려 빛을 본 지 오래인 듯

    하이힐 찍는 소리 서둘러 멀어진다

    단속반 툭 건드리자 통째로 구르는

    오늘을 그리는 촉수 화석으로 멎는다
                                   —「공」 전문

  지하철 계단 어디에서나 흔히 볼 수 있는 상황을 시인은 섬세하게 그려낸다. 제목으로 잡은 「공」은 몇 가지 의미를 함의하고 있다. 하나는 무료하고 적막한 '공空'의 의미다. 또 다른 의미는 두 손을 기다리는 겸손의 '공恭'이다. 다른 하나는 둥글게 굴러가는 '공'의 의미다. 동그랗게 몸을 마는 걸인의 모습도 공이지만 "통째로 구르는/오늘을 그리는 촉수"도 공이다.

광복동 대로변서 허리 접는 저 아재
뼈도 밸도 다 버리고 허파에 바람 실어
어정쩡 장승은 싫어 온 몸으로 유혹한다

팔푼이라 조롱하던 눈총을 뒤로 하고
꾀죄죄 절은 청춘 은하에 풍덩 던져
별똥별 건지려는가 웅덩이도 마다않네

꼬부랑 노래 맞춰 피에로는 춤을 춘다
풀무질 날로 해도 히느적 우는 달밤
아지매 생각하는가 허재비 우리 아재
─「허풍선이」 전문

아재와 허풍선이는 어딘가 모르게 닮아있다. 주인공의 삶을 위해 일회용품처럼 썼다가 버려지는 엑스트라로서의 삶이기 때문이다. 자존심이나 오기 같은 것을 다 버리고 "허파에 바람 실어" "꼬부랑 노래 맞춰" 춤을 추는 '피에로'. 거친 자리 마다않고, 냉대해도 싫다 않고, 팔푼이라 조롱해도 무심하게 다 무시하고 흐느적흐느적 넘어가는 삶. 그래서 어쩐지 우리와 닮아 있고 친숙한 아저씨들의 삶.

덤으로 주고받던 넉넉한 골목 웃음
공룡마트 올라간 날 굽은 등 숭숭 뚫려
출구도 비상구도 없는 구멍가게 사장님

금이 간 골목길에 황사바람 일고 간다
시린 뼈 훑어내려 관절을 툭툭 치며
'폐기물' 스티커 붙여
길바닥에 나뒹군다

맨살의 시멘트 벽 더듬는 촉수 본다
말없이 달라붙은 담쟁이의 저 안간힘
수많은 잎사귀를 끄는
숨소리가 푸르다
　　　　　　　　　　－「폐업하는 날」 전문

그런가 하면 「폐업하는 날」은 "공룡마트"와 불황에 내몰려 폐업하는 "구멍가게 사장님"의 "출구도 비상구도 없는" 암담함을 그린다. 거대자본에 말려 "금이 간 골목길에 황사바람 일고" 있는 도시의 단면을 간명하게 그려낸다. 시인은 이러한 "시린 뼈 훑어내려 관절을 툭툭 치"는 황량한 골목에서 "맨살의 시멘트 벽 더듬는" 담쟁이의 가열찬 몸부림에 주목한다. "말없이 달라붙은 담쟁이의 저 안간힘"에 초점을 맞추며 "수많은 잎사귀를 끄는/숨소리가 푸르다"고 말한다. 초록의 생명성을 통해 민초들이 갖는 진정한 힘의 근원을 짚어냄으로써 삶의 진정한 가치가 어디에 놓여있는가를 명확하게 얘기하고 있는 셈이다.

싸움이 격렬해도 뒤돌아 엿을 치며
하루치 점을 보는 안다리를 걸고 있다
부채로 슬쩍 가린 속내 벌겋게 타는데

터질 듯한 시간 너머 생의 반전 일어나는가
쏠리는 응원석으로 철퍼덕 내다꽂는 힘
꽹과리 절로 솟으며
당산나무도 덩더쿵!
  ―「손에 땀을 쥐다-단원의 씨름도」 부분

말하자면 이들의 삶을 통해 시인이 나타내고자 하는 단순히 드러내어 이를 보여주는 것에서 그치지 않는다는 점이다. 이들이 "터질 듯한 시간 너머 생의 반전"을 이룰 수 있기를 기대하고 있는 것이다. "철퍼덕 내다꽂는 힘/ 꽹과리 절로 솟으며/ 당산나무도 덩더쿵!" 할만한 "들배지기에 받아치기 역습"이나 생의 반전이 있기를 간절하게 염원하고 있는 것이리라.

4. 현실 풍자로서의 사설과 절정의 기법

사설의 속성은 엮음과 풀이에 있다. 줄줄이 엮어나가면서 마음에 맺힌 것을 풀어낸다. 부조리한 현대사회의 군상을 엮어나가기에는 이보다 안성맞춤인 장르가 없을 것이다. 김덕남 시인은 사설의 묘미를 잘 파악하여 현실의 단면을 예리하게 해부해 나간다.

꽃 속의 꿀을 빨던 그 기억 못 잊는가

강남의 룸살롱은 불도 켜지 않았는데 낮술에 불콰한 고관 제 집인 양 드나든다. 의사당 불빛 아래 삿대질은 감초인가 닦달하고 추궁해도 오리발이 대세라네 하나쯤 혼외 자식 바지춤에 감추고. 시상에 21C 대명천지 아비를 아비라 부르지 못하는 길동이가 다시 왔나 '씨는 못 속인다우' 죄 없는 판박이에 거품 문 입술들이 퍼 나르는 서울의 강

그믐달 물살에 밀려 물음표로 지고 있다
　　　　　　　　　　　　―「신 유곽쟁웅」 전문

혜원 신윤복의 그림 「유곽쟁웅遊廓爭雄」의 익살스러운 풍속도를 가져와 현대의 정치권에 일갈을 하고 있다. 기생집 앞에서 사내들이 다투는 것이니 볼썽사나운 풍광임에는 틀림없으나 세상에서 제일 좋은 구경거리는 '싸움구경'과 '장구경'이라 했으니 세간의 주목을 끌기에 충분하다. 이 싸움을 통해 시인은 "의사당 불빛 아래 삿대질은 감초인가 닦달하고 추궁해도 오리발이 대세라네"에서 보듯 협의에 의한 정치는 하지 않고 싸움으로만 풀려고 하고 잘못에 대해 반성하기는커녕 변명으로 일관하는 표리부동한 정치권을 가

차 없이 비판하고 있다.

초장이나 종장보다 중장이 늘어나는 것이 사설시조의 원형은 아니다. 초장도 종장도 다 늘어날 수가 있다. 그렇지만 현대사설시조에서 중장이 늘어나는 경우가 많다. 이 늘어남은 어떤 원리를 갖고 있는가. 필자는 일찍이 조운의 「구룡폭포」를 설명하는 자리에서 이 원리가 반복—열거—절정의 구성 원리를 갖고 있음을 얘기한 바 있다. 이 작품 또한 이 구성 원리를 따르고 있음이 주목된다.

①책상 위 ②깨알들이 ③스멀스멀 ④기어간다

⑤감독관 들어오며 일어서라 줄 바꾸라 도끼눈 쌍심지가 제대로 돌아간다. ⑥옆 사람 답안지를 두리번 일별하고 짧은 치마 스타킹 속 돌돌 만 페이퍼에 볼펜 속 두루마리 귀신같이 꺼내보는 꽃먹물 거동 보소, ⑦남의 글 베끼기는 누워서 떡 먹기요 표절이라 시비해도 낯색 하나 변치 않는 먹물아비 줄 세울까 벼룩을 줄 세울까 ⑧천지사방 튀면서도 원조元祖라 침 튀기니

⑨길거리 ⑩원조 간판들 ⑪너도나도 ⑫먹물 튀었네
—「커닝하는 사회」 전문

중장의 각 마디는 각각 8음보—14음보—12음보—4음보로 셋째 마디의 마지막 부분 "먹물아비 줄 세울까

벼룩을 줄 세울까"는 절정에 해당되면서 극적효과를 가져오고 있는 것이다.

「에라잇! 손들아」라는 사설시조에도 이러한 기법이 잘 용해되어 있다. 이 작품은 현대의 제사나 차례의 예법이 조상에 대한 경외심이 없이 형식적이고 편의적으로 변모해가는 것을 비판하고 있는 작품이다. 이 작품의 중장은 보다 길어지고 있는데,

⑤차례상 받으려고 새벽같이 길 나섰지~플라스틱 음식인 줄 내 어찌 알았겠누. ⑥점잖은 박 귀신은 택배음식 잔뜩 먹고 ~정 귀신이 붉으락푸르락 침 튀기며 내닫는다, ⑦똑똑한 그 아비라 어깨 으쓱 치켜들며~ 귀신은 자격 없다 뒷발질로 걷어차네 ⑧분통 터진 귀신들 종주먹 휘두르며

마디가 가장 긴 다섯째 마디는 28음보까지 가지만 중장의 마지막 여덟 째 마디는 4음보에 불과하여 장단완급長短緩急의 조절을 효율적으로 하고 있음을 알 수 있다. 결과적으로 반복열거 절정의 기법을 잘 활용하고 있다는 얘기다.

지금까지 김덕남 시인의 작품에 나타난 시세계를 살펴보았다. 시인의 작품은 섬세한 생태 묘사를 통하여 어설픈 생태시들이 가지고 있는 계몽성 차원과는 전혀 다른 갈앉히고 묵힌 농도 깊은 에코이즘 시를 보

여주고 있다. 「꾀꼬리」에서의 "탱탱한" 시적 긴장과 「노루귀꽃」에서의 정감있고 관능적인 표현, 「주산지 왕버들」에서의 깊이 있으면서도 차원 높은 시적 형상화가 바로 그것이다. 또한 '모지랑숟가락'과 '냉이'와 '빨래판' 등의 시적 소재를 통해 따뜻하고 희생적인, 더 나아가 "혀 같은 새순"→"톱니"→"서릿발"→ "조선의 무명치마"로의 극기적이고 자주적인 여성성을 보여주고 있다. 또한 인력시장과 허풍쟁이 아재 등의 소재를 통해 도시 소시민의 삶을 형상화하고 있다.

  시인의 시각은 이들 엑스트라 삶을 통해 "터질 듯한 시간 너머 생의 반전"을 이룰 수 있기를 기대하며 희망의 "들배지기에 받아치기 역습"을 시도하고 있는 것이다. 그리고 생의 반전이 있기를 간절하게 염원하고 있다.

  꽃으로
  치장하고
  나를 향해 오는 이여

  페로몬
  향에 감겨
  세상이 흔들린다

  난 이미

두 눈 멀었네

돌아설 길 아예 없네

―「꽃뱀―나의 시조」 전문

시인은 자신의 창작 행위를 비유하여 이렇게 묘사하고 있다. 아예 눈이 멀고 돌아설 길 없으니 더불어 갈 수밖에 없노라고 얘기한다. 이같은 순전한 결기가 깊고도 선명하면서도 주제의식이 잘 드러나는 작품을 이루는 기저자질임을 알 수 있는 대목이다. 자신만의 개성이 무엇인가를 더욱더 고구해보고 어느 작품을 놓고 보더라도 자신의 개성이 잘 드러나도록 균질한 작품을 쓰는 것이 아마 다음의 과제일 것이다. 시인은 평생 그것을 향해 가는 외로운 존재이겠지만 시인의 뜨거운 집념이 이를 분명히 가능케 하리라는 신뢰를 갖게 한다.